BEI GRIN MACHT SICH IHR WISSEN BEZAHLT

AF 136014

- Wir veröffentlichen Ihre Hausarbeit, Bachelor- und Masterarbeit

- Ihr eigenes eBook und Buch - weltweit in allen wichtigen Shops

- Verdienen Sie an jedem Verkauf

Jetzt bei www.GRIN.com hochladen und kostenlos publizieren

Bibliografische Information der Deutschen Nationalbibliothek:

Die Deutsche Bibliothek verzeichnet diese Publikation in der Deutschen National-bibliografie; detaillierte bibliografische Daten sind im Internet über http://dnb.d-nb.de/ abrufbar.

Impressum:

Copyright © 2018 GRIN Verlag
Druck und Bindung: Books on Demand GmbH, Norderstedt Germany
ISBN: 9783346022929

Dieses Buch bei GRIN:

https://www.grin.com/document/498755

Laura Dahlhaus

Onpage Suchmaschinenoptimierung. Strukturelle, inhaltliche und technische Anpassungen

GRIN Verlag

GRIN - Your knowledge has value

Der GRIN Verlag publiziert seit 1998 wissenschaftliche Arbeiten von Studenten, Hochschullehrern und anderen Akademikern als eBook und gedrucktes Buch. Die Verlagswebsite www.grin.com ist die ideale Plattform zur Veröffentlichung von Hausarbeiten, Abschlussarbeiten, wissenschaftlichen Aufsätzen, Dissertationen und Fachbüchern.

Besuchen Sie uns im Internet:

http://www.grin.com/

http://www.facebook.com/grincom

http://www.twitter.com/grin_com

Hausarbeit

Onpage Suchmaschinenoptimierung

Titel der Arbeit

Laura Dahlhaus

Name

Management

Studiengang

Wirtschaft

Fachbereich

Westfälische Hochschule Gelsenkirchen

Hochschule

Juni 2018

Abgabedatum

Abbildungsverzeichnis

Contents

1 Definition „Suchmaschinenoptimierung"

1.1 Suchmaschinen

Jeden Tag wächst das World Wide Web um weitere Informationen, die sich aus Filmen, Nachrichten, Bildern, Apps und vielem mehr zusammensetzen. Wären diese Massen an Daten nur ungefiltert (beispielsweise in Form einer Liste) verfügbar, hätte das Internet sich vermutlich nicht als Medium zur Informationssuche durchgesetzt. Durch Suchmaschinen (wie z.B. Google, Bing, Yahoo! Search, usw.) wird aber genau dieses Problem der Informationsselektion gelöst, indem nach bestimmten Suchbegriffen gefiltert werden kann.[1] Sie stellen indexbasierte Softwareprogramme (Crawler oder auch Robots genannt) dar, die automatisch das Internet durchsuchen und die Ergebnisse nach Relevanz darstellen. Diese Analyse wird auch als „Crawlen" bezeichnet.[2] Die Platzierung der eigenen Homepage in dem Suchergebnis (auch Search Engine Result Page oder kurz SERP genannt), kann generell auf zwei Arten erfolgen, die im Folgenden erklärt werden sollen.[3]

1.2 Optimierung des SERPs

Bei der Suchmaschinenoptimierung geht es darum, Websiteinhalte und – struktur so zu verändern, dass in den SERPs eine der obersten Rangpositionen erreicht wird.[4]

Grundsätzlich werden die Maßnahmen zur Optimierung der Suchmaschinenergebnisse als Suchmaschinenmarketing (kurz SMO oder auch Search Engine Marketing, kurz SEM) bezeichnet. Dieser Oberbegriff kann unterschieden werden in Suchmaschinenoptimierung (SMW oder auch Search Engine Optimization, kurz SEO) und Suchmaschinenwerbung (Search Engine Advertising oder kurz SEA).[5]

---

[1] Vgl. Eng, P. (2017), S. 3
[2] Vgl. Google (2011), S. 8; Greifeneder, H. (2010), S. 30 ff
[3] Vgl. Eng, P. (2017), S. 3
[4] Vgl. Erlhofer, S. (2014), S. 473
[5] Vgl. Eng, P. (2017), S. 3

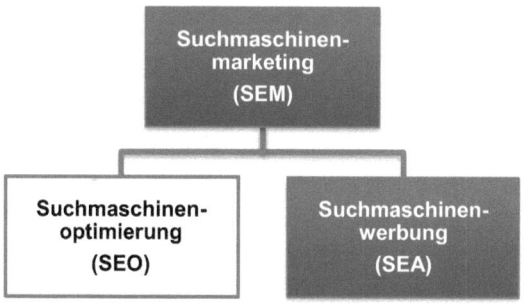

Abbildung 1: Arten von Suchmaschinenmarketing (eigene Darstellung)

Das SEA bezieht sich dabei auf die bezahlten Suchmaschinenergebnisse, die als erste Platzierungen bei dem SERP und am rechten Bildschirmrand angezeigt werden (in Abbildung 1 rot markiert). Diese Ergebnisse werden mit dem Verweis „Anzeige" gekennzeichnet und können dadurch von den Ergebnissen der organischen Suche unterschieden werden können. Da diese Platzierung allein durch Bezahlung beeinflusst werden kann, wird das SEA in diesem Tecpaper nicht weiter fokussiert. Die organische Trefferliste des Suchprozesses erscheint unter den gesponsorten Anzeigen (in Abbildung 1 grün markiert) und wird durch einen Algorithmus der Suchmaschine generiert.

Die eigene Platzierung in der Trefferliste kann durch gezielte Maßnahmen des SEO beeinflusst werden. Der Algorithmus, den die Suchmaschinenanbieter nutzen, um die SERPs in eine Rangfolge zu bringen, beschreibt einen Anforderungskatalog mit geheimen Bewertungskriterien. Erfüllt eine Website diese und ist zudem auf die relevanten Suchbegriffe hin optimiert, wird sie weiter vorne in der Trefferliste angezeigt. Jede Suchmaschine hat dabei eigene Anforderungen an die Websites, die über sogenannte Crawler, Programme, die Websiten automatisch finden und indexieren, geprüft werden.[6] „SEO bedeutet also oft, Webseiten nach öffentlichen SEO-Kriterien von Suchmaschinen zu bewerten, zu optimieren und über Tests die geheimen Bewertungskriterien der Suchmaschinen herauszufinden"[7].

---

[6] Vgl. Eng, P. (2017), S. 4-5
[7] Eng, P. (2017), S. 5

Welche Vorteile eine gute Platzierung hat und wie diese durch SEO erreicht werden kann, soll im Folgenden erklärt werden.

2 Vorteile & Ergebnisse

Suchmaschinenoptimierung kann viele Ziele verfolgen. Grundsätzlich sollte die Website die eigene Zielgruppe ansprechen und das Unternehmen repräsentieren. Außerdem lassen sich vier weitere Optimierungsziele beschreiben.

„Eine sehr weit verbreitete Zielsetzung ist die Steigerung der Besucherzahlen auf einer Website"[8], was auch als „Trafficsteigerung" bezeichnet wird. Bei diesem Ziel wird jedoch meist weniger auf qualifizierte Besucher gesetzt, sondern mehr auf die reine Anzahl der Klicks auf die eigene Seite, um beispielsweise Bannerwerbeplätze teurer verkaufen zu können. Dieses Ziel wird meist über das Anstreben einer verbesserten SERP-Platzierung verfolgt, da dort die erstplatzierten Seiten deutlich mehr Klicks haben, als Seiten, die weiter unten platziert werden.[9]

Eine andere Zielsetzung verfolgt beispielsweise ein Onlineshop der als Hauptzielsetzung E-Commerce-Verkäufe anstrebt. Das bedeutet, dass die Besucher die Seite besuchen und dort im Folgenden eine Transaktion abschließen, wie beispielsweise ein Produkt zu kaufen. Dabei reicht es also nicht aus, lediglich den Traffic der Seite zu erhöhen.[10]

Das dritte oft fokussierte Ziel bei der Suchmaschinenoptimierung ist die Lead-Generierung, bei der es darum geht Kontaktdaten durch Kontaktformulare zu erhalten, Newsletterabonnenten zu bekommen oder Besucher, die bereitgestellte PDFs herunterladen. Diese Zielsetzung ähnelt dabei der des Onlineshops sehr.[11]

Ein weiteres Ziel ist das Reputationsmanagement, wobei es nicht wie in den zuvor genannten Zielen um die Platzierung der eigenen Website in den SERPs

---

[8] Erlhofer, S. (2014), S. 68
[9] Vgl. Erlhofer, S. (2014), S. 66, 68
[10] Vgl. Erlhofer, S. (2014), S. 69; Greifeneder, H. (2010), S. 22-23
[11] Vgl. Erlhofer, S. (2014), S. 71; Greifeneder, H. (2010), S. 22-23

geht, sondern dafür zu sorgen, dass „eher [negative] Inhalte bei Eingabe entsprechender Suchbegriffe nicht mehr in den Top 10 erscheinen"[12].

---

[12] Erlhofer, S. (2014), S. 74; vgl. Auch Greifeneder, H. (2010), S. 21-22

3 Unterscheidung von onpage und offpage SMO

Die Suchmaschinenoptimierung kann in onpage und offpage Maßnahmen unterschieden werden.

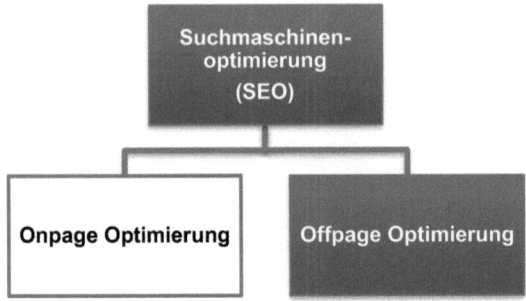

Abbildung 2: Einordnung der onpage Optimierung (eigene Darstellung)

Offpage Optimierung umfasst alle Maßnahmen, die nicht auf der eigenen Webseite umgesetzt werden und das Ziel haben eine Reputation der Website aufzubauen. Dies geschieht überwiegend über Backlinks, die von einer anderen Website auf die eigene verweisen,[13] soll aber in diesem Tecpaper nicht weiter beschrieben werden. Onpage Optimierung beschreibt dabei alle Maßnahmen, die direkt auf der eigenen Website vorgenommen werden und können dabei technische, inhaltliche und strukturelle Aspekte umfassen.[14] In dieser Arbeit wird es jedoch lediglich um die onpage SMO gehen.

---

[13] Vgl. Eng, P. (2017), S. 13; Erlhofer, S. (2014), S. 535
[14] Vgl. Eng, P. (2017), S. 6

4 Anleitung zur onpage Suchmaschinenoptimierung

Für die onpage Suchmaschinenoptimierung stehen Websitebetreibern verschiedene Ansatzpunkte zur Auswahl. Da jede für sich nur eine geringe Wirkung hat, sollte versucht werden, eine ganzheitliche Optimierung anzustreben.

Um die Inhalte der Website für die zuvor beschriebenen Crawler besser verarbeitbar und für die Websitebesucher benutzerfreundlicher zu machen, müssen diese technisch, strukturell und inhaltlich optimiert werden.

4.1 Inhaltliche Optimierung - Keywords

Die Optimierung der Keywords (oft auch als „inhaltliche Optimierung" bezeichnet) stellt den wichtigsten Teil der onpage Optimierung dar, denn je mehr Keywords eine Website enthält, umso weiter oben wird sie in den SERPs angezeigt. Dabei sollte jedoch auf kontextbezogene Keywords geachtet werden, wie beispielsweise Synonyme oder verwandte Wörter, um sicherzustellen, dass der gesuchte Begriff trotz unterschiedlicher Wortwahl unter den Keywords zu finden ist. Grundsätzlich sollten allerdings nicht zu viele Keywords verwendet werden, da ansonsten ein Manipulationsverdacht entstehen könnte, wodurch die Crawler der Suchmaschinen eine Abwertung vornehmen. Pauschal sollte eine Keyword-Dichte (Verhältnis von Suchworte zu allen Worten auf der Website) von 3% angestrebt werden.[15]

Keywords sind vor allem bei der Formulierung des Titels, der Beschreibung und der URL der Homepage relevant und sollten inhaltlich treffend und einladend formuliert sein. Außerdem sollten diese Elemente für jede Seite individuell angepasst werden, um deutlich zu machen, worum es auf der jeweiligen Seite geht. Tauchen Worte des Suchenden aus dem Suchfeld in dem Titel, der URL oder der Beschreibung auf, werden diese fett gedruckt.[16]

- Analyse der eigenen Keywords = http://keyword-analyse.com/
- Keywordtrends = http://adwords.google.de/KeywordPlanner

---

[15] Vgl. Eng, P. (2017), S. 10-11; Greifeneder, H. (2010), S. 48-49
[16] Siehe auch http://keyword-analyse.com/ für die Analyse der eigenen Keywords, http://adwords.google.de/KeywordPlanner für aktuelle Keywordtrends und http://www.semager.de/keywords/?lang=all für Synonyme.

4.2 Technische Optimierung – HTML-Code

Der wohl umfangreichste Teil der Optimierung betrifft den HTML-Code (auch Hypertext Markup Language) der Internetseite Auszeichnungssprache für die Programmierung von Webseiten.

4.2.1 Quellcodestruktur

Die Inhalte einer Website werden grundsätzlich in dem Quellcode der HTML-Seite in den Header (Kopfbereich) und den Body (Inhaltsbereich) getrennt. Manchmal wird diese Strukturierung noch um den Footer (Fußnoten) erweitert.[17] Jeder Befehl wird durch <Befehl> begonnen und durch </Befehl> beendet. Das Grundgerüst einer HTML-Seite sieht damit wie folgt aus:

```
<! DOCTYPE html>
<html>
        <head> Dies ist der Kopfbereich der HTML-Seite </head>
        <body> Dies ist der Inhaltsbereich der HTML-Seite </body>
        <foot> Dies ist die Fußzeile der HTML-Seite </foot>
</html>
```

Abbildung 3: HTML-Code – Quellcodestruktur (eigene Darstellung)

4.2.2 Bilder und Grafiken

Bei der Optimierung der Bilder und Grafiken einer Website geht es einerseits um das Dateiformat und anderseits um die textliche Optimierung dieses. Um die Analyse der Crawler möglichst einfach zu machen, sollten Websitebetreiber verbreitete Dateiformate (wie z. B. JPG, GIF, PNG, usw.) verwenden und die Bilder einer Seite jeweils im selben Ordner ablegen. Um auch den HTML-Code zu optimieren, sollte das HTML-Element img und dort das Metatag alt verwendet werden. Der Text, der in dieses Metatag eingefügt wird, wird auf der Website angezeigt, wenn das Bild nicht geladen werden kann. Hier sollten ebenfalls treffende Keywords zur Beschreibung genutzt werden. Ergänzend zu dem alt-Attribut kann ein title-Metatag eingefügt werden. Dieser wird dem Websitebesucher angezeigt, wenn dieser den Mauszeiger auf das Bild bewegt.

---

[17] Vgl. Eng, P. (2017), S. 6; Mutschler, B. / Eichfeld, F. (2016), S. 141-142; Greifeneder, H. (2010), S. 62-63

Für das Ranking hat das `title`-Attribut allerdings (wie bereits zuvor erwähnt) keinen Einfluss und dient nur der Nutzerfreundlichkeit.[18]

```
...
<img
    src="/Dateiname.jpg"
    alt="Beschreibung des Bildes, falls das Bild nicht geladen werden
    kann"
    title="Text, der angezeigt wird, wenn der Websitebesucher den
    Mauszeiger auf das Bild bewegt"
/>
...
```

Abbildung 4: HTML-Code – Bilder und Grafiken (eigene Darstellung)

4.2.3 Titel

Durch das Element „Title" im HTML-Code der Homepage wird die Überschrift für das Suchergebnis festgelegt. Inhaltlich sollte diese Suchende zum Besuch der Website animieren und möglichst die wichtigsten Punkte (auch genannt „Keywords") der Website beschreiben. Grundsätzlich sollten bei der Titelwahl nicht mehr als 55 Zeichen verwendet werden, da diese auch bei den meisten Suchmaschinen nicht mehr angezeigt werden. Außerdem sollte jede HTML-Seite einen eigenen, individuellen Titel besitzen, der den Inhalt der Seite treffend und inhaltlich korrekt beschreibt.[19] Die Programmierung dieses `title`-Tags sieht im HTML-Code wie folgt aus:

```
...
<head>
    <title>Titel</title>
    <meta name= „description" content="Hier steht der Text, der in
    dem Metatag „description" geschrieben wurde. Er sollte zum Kli-
    cken anregen und relevante Keywords enthalten.">
</head>
...
```

Abbildung 5: HTML-Code – Titel & Metadaten (eigene Darstellung)

Diese Programmierung würde bei Google den in Abbildung 4 gezeigten blauen Titel erzeugen:

---

[18] Vgl. Eng, P. (2017), S. 8-9; Mutschler, B. / Eichfeld, F. (2016), S. 151; Google (2011), S. 18-19
[19] Vgl. Eng, P. (2017), S. 7; Mutschler, B. / Eichfeld, F. (2016), S. 143-144; Google (2011), S. 4-5; Greifeneder, H. (2010), S. 64-65

Titel
https://eine.webseite.de/ ▾
Hier steht der Text, der in den Metatag „description" geschrieben wurde. Er sollte zum Klicken anregen und relevante Keywords enthalten.

Abbildung 6: Title und Description in den SERPs[20]

Tauchen Worte des Suchenden aus dem Suchfeld in dem Titel auf, werden diese fett gedruckt.[21]

Zur optimalen Platzierung in den SERPs ist außerdem die Optimierung der Metadaten aller HTML-Seiten der eigenen Website notwendig. Diese sorgen dafür, dass diese für Crawler leichter zu verarbeiten sind und damit das Ranking verbessern. Um dies zu erreichen, müssen Metadaten-Elemente genutzt werden.[22] Da es viele unterschiedliche Metadaten-Elemente gibt, wird hier exemplarisch auf das `description`-Element eingegangen, das eines der wichtigsten Elemente darstellt.

Die `description` wird häufig als Snippet für die HTML-Seite in der Suchmaschine genutzt, um diese zu erläutern, allerdings ist es möglich dass Google auch einen alternativen Textausschnitt als Snippet nutzt[23]. Dieser Snippet wird unter dem Titel und dem URL-Code in Schwarz ausgewiesen (siehe Abbildung 4). Tauchen Worte des Suchenden aus dem Suchfeld in dem Snippet auf, werden diese fett gedruckt. Wie bereits bei dem Titel der Seite beschrieben, sollten hier mögliche Keywords auftauchen und die Beschreibung der Seite sollte zum Besuchen animieren.[24]

4.2.4 Überschriften

Um Überschriften optisch auf der Website zu visualisieren und für Crawler interpretierbar zu machen, können die Befehle H1 bis H6 im HTML-Code verwendet werden. Dabei spiegeln die Zahlen nicht nur die Größe der Überschrift wieder, sondern sollten bei der Optimierung als Richtwert für die

---

[20] Vgl. Eng, P. (2017), S. 7
[21] Vgl. Google (2011), S. 4
[22] Vgl. Mutschler, B. / Eichfeld, F. (2016), S. 145
[23] Vgl. Google (2011), S. 6
[24] Vgl. Mutschler, B. / Eichfeld, F. (2016), S. 14145-146; Google (2011), S. 6-7; Greifeneder, H. (2010), S. 65-67

12

Wichtigkeit der Überschrift genutzt werden. Dabei dient die H1-Überschrift als Gesamtüberschrift der Website und Unterkapitel werden mit H2 bis H6 gekennzeichnet. Grundsätzlich ist es jedoch ratsam, die Seitenstruktur möglichst einfach zu halten, damit Crawler und Besucher die Seitenstruktur leichter verstehen.[25]

```
...
<head>
      <titel>Überschriften optimieren</titel>
</head>
<body>
      <h1>Wichtigste Überschrift</h1>
      <h2>Zweitwichtigste Überschrift</h2>
</body>
...
```

Abbildung 7: HTML-Code – Überschriften (eigene Darstellung)

4.2.5 Texte

Die Texte der Webseiten sollten ebenfalls optimiert werden, indem Grundbefehle wie p für Absätze und ul und li für Listenelemente verwendet werden. Auch die Formatierung wichtiger Worte in fette Schrift über den Befehl strong[26] sorgt für eine Optimierung der technischen Voraussetzungen und für eine höhere Benutzerfreundlichkeit.[27]

```
...
<h1>Wie können wir Texte optimieren?</h1>
<ul>
      <li>Über die Verwendung von <strong>Listenelementen</strong></li>
      <li>Über das Hervorheben von Wörtern durch <strong>fette</strong>
      Buchstaben</li>
</ul>
...
```

Abbildung 8: HTML-Code – Texte (eigene Darstellung)

---

[25] Vgl. Eng, P. (2017), S. 8; Mutschler, B. / Eichfeld, F. (2016), S. 147-148; Google (2011), S. 20; Greifeneder, H. (2010), S. 71-72

[26] „Das HTML-tag <strong> [muss] zuvor via CSS über den folgenden Befehl [definiert werden]: strong{font-weight: bold;}!" (Mutschler, B. / Eichfeld, F. (2016), S. 153)

[27] Vgl. Eng, P. (2017), S. 6; Mutschler, B. / Eichfeld, F. (2016), S. 152-154

4.3 Strukturelle Optimierung – Übersichtlichkeit

4.3.1 Links

Die Links einer Website sollten für die SMO so benannt werden, dass die Beschriftung von Linkname (title) und Linkziel (Internetadresse oder auch URL genannt) aussagekräftig und zusammenpassend sind. Außerdem sollten die URLs so gestaltet werden, dass Seitenbesucher sich diese einfach merken können. Die Internetadresse wird in den Suchmaschinen unter dem Titel der HTML-Seite in grün eingeblendet (siehe Abbildung 6). Wie bereits bei dem `title` und der `description` erklärt, kann auch der Link zu einer Website fett gedruckt werden, wenn Worte mit der Suche übereinstimmen. Für die Crawler hat diese Optimierung keine direkte Auswirkung, doch wird dadurch die Usability der eigenen Website für die Nutzer deutlich verbessert. [28]

Außerdem ist es sinnvoll, die Linkadressen logisch aufzubauen, dass Nutzer durch das Löschen von Teilen der URL auf vorgelagerte Ebenen kommen (bspw. dass man durch das Löschen von „professoren" in dem Link www.w-hs.de/FB04/professoren auf die übergeordnete Seite „fb04" kommt).[29]

```
<a
    href= „http://eine.website.de"
    title= "Titel">
    Linkname123
</a>
```
Abbildung 9: HTML-Code – Links (eigene Darstellung)

4.3.2 Navigation

Die Navigation einer Website sollte der Betreiber so wählen, dass diese logisch und für den Besucher nachvollziehbar gestaltet wird. Bevorzugt wird hier eine Breadcrumb-Navigation empfohlen, bei der dem Besucher zu jeder Zeit angezeigt wird, auf welcher Ebene er sich gerade befindet und durch welche sie schnell und einfach auf vorher besuchte Seiten oder die Startseite zurückgelangen. Diese Nachvollziehbarkeit wird außerdem auch durch die Crawler positiv bewertet.[30]

---

[28] Vgl. Mutschler, B. / Eichfeld, F. (2016), S. 150-151; Google (2011), S. 8-9
[29] Vgl. Google (2011), S. 11
[30] Vgl. Eng, P. (2017), S. 9; Google (2011), S. 10,12; Greifeneder, H. (2010), S. 80-81

4.3.3 Verwenden einer Sitemap

Zur Abbildung der hierarchischen Seitenstruktur kann außerdem eine Sitemap genutzt werden. Eine HTML-Sitemap sollte dabei für die Websitebesucher zur Verfügung gestellt werden, auf welcher diese sich orientieren können. Falls eine Website aus hunderten von Seiten besteht, sollte eine HTML-Sitemap aber aus Gründen der Übersichtlichkeit nur für die wichtigsten Seiten genutzt werden. Eine XML-Sitemap-Datei mit allen Seiten sollte für die Crawler erstellt werden, um diesen die Indexierung zu erleichtern und so das eigene Ranking in den SERPs zu verbessern.[31]

---

[31] Google (2011), S. 11

5 Schlussfazit

Zur Optimierung des Suchmaschinenrankings für die eigene Internetseite können unterschiedlichste Maßnahmen ergriffen werden. Bei der hier fokussierten onpage Optimierung lassen sich die Maßnahmen in strukturelle, inhaltliche und technische Anpassungen gliedern. Neben dem Ranking kann allerdings gleichzeitig auch die Benutzerfreundlichkeit für die Besucher verbessert werden.

Will man dies erreichen, reicht es jedoch nicht nur eine dieser Maßnahmen durchzuführen. Von den Websitebetreibern wird eine konsequente Optimierung gefordert hin zu den Anforderungen der unterschiedlichen Suchmaschinen. Da diese sich jedoch ständig ändern und damit auch das Ranking in den Suchergebnissen, heißt SEO nicht nur einen ganzheitlichen Ansatz, sondern auch einen dauerhaften Prozess zur Optimierung haben.[32]

Sobald die Grundlagen auf einer Webseite geschaffen sind, müssen die Rankings in den SERPs sowie die Besucherzahlen kontinuierlich beobachtet werden, um so schnell wie möglich auf Änderungen reagieren zu können.[33]

---

[32] Vgl. Erlhofer, S. (2014), S. 473
[33] Vgl. Eng, P. (2017), S. 12

Quellen

Alpar, A. / Koczy, M. / Metzen, M.: SEO – Strategie, Taktik und Technik – Online-Marketing mittels effektiver Suchmaschinenoptimierung, Springer Gabler, Wiesbaden 2015

Eng, P.: Erste Schritte im Online-Marketing – Suchmaschinen – Content – Soziale Medien, Springer Fachmeiden, Wiesbaden 2017

Erlhofer, S.: Suchmaschinen-Optimierung – Das umfassende Handbuch, 7. Auflage, Galileo Press, Bonn 2016

Greifeneder, H.: Erfolgreiches Suchmaschinen-Marketing – Wie Sie bei Google, Yahoo, MSN & Co. Ganz nach oben kommen, 2. Aufl., Gabler, Wiesbaden 2010

Lammenett E.: Praxiswissen Online-Marketing – Affiliate- und Email-Marketing, Key-word Advertersing, Online-Werbung, Suchmaschinen-Optimierung, 2. Aufl., Gabler, Wiesbaden 2009

Mutschler, B. / Eichfeld, F.: Der erfolgreiche Werbeauftritt – Kunden gewinnen und binden, Rheinwerk Verlag, Bonn 2016

Sens, B.: Suchmaschinenoptimierung – Erste Schritte und Checklisten für bessere Google-Positionen, Springer Gabler, Wiesbaden 2018

(Hrsg) Google: Einführung in Suchmaschinenoptimierung, 2011, <https://static.googleusercontent.com/media/www.google.de/d

e/de/intl/de/webmasters/docs/einfuehrung-in-

suchmaschinenoptimierung.pdf>